什麼是國家？

作者 HELLO BONNIE 國際親子台

繪者 JO

希望學
Hopology

序

《什麼是國家？》本來是一個不論大人，還是小孩子都理應探討的課題。
尤其當我們常常說，要做好國民教育時，總不能連最基本的定義都搞不清。

但事實卻是，愈基本愈常理的事，愈不能觸碰。那是為何會有這樣的忌諱呢？

也許這就是沿於對常識的誤解，當我們談民主，若在自由社會，是不應有所
畏懼。當我們談自由，若在多元社會，也不會有所顧忌。若在公平公義的社
會，當我們談平等與福利時，也會是民心之所向。

在一個人民都認同自己國家與自我身份的地方，談「我是什麼人」似乎是多
此一舉。在一個國民都引以為傲的國家，我們不需要跟孩子多作解釋，
孩子已經會急不及待告訴別人他的身份。

甚願有一天，小孩子不需要這幾本小書，來讓他認識這些重要的普世價值，
與家國身份認同概念。當小朋友可以在生活中，實踐與經歷這些看似抽象的
概念，他們的世界就美麗寬廣了。

倘若我們一起看到這一天的來臨，也許我不用再寫童書，而是一同撰寫歷史
書。記下當中有你，有我，有大家會一起努力打拼過的一頁。

童心看世界系列

跟孩子談普世價值！

目 錄

● **國家是什麼？** **P.7**

● **國家（Nation）強調的是什麼？** **P.9**

● **國家（Country）的重點在哪裏？** **P.13**

● **國家（State）中重視的是什麼？** **P.21**

● **詞彙表** **P.29**

● **工作紙** **P.31**

對，不過同時有好幾個英文字都譯為「國家」的，Country 是其中一個。

但當你看看英國地圖，
又會發現，單單是英國本身，
就有4個countries。

聯合國
UNITED NATIONS

家姐，我不太明白。
這是什麼意思？

要深入理解每個字的意思，要從歷史以及生活中去了解的：

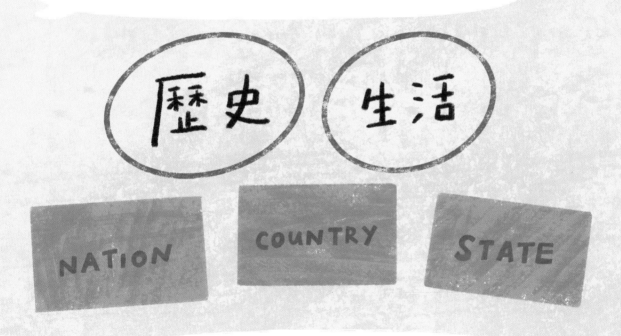

Nation, Country, State 這三個字，也是國家的意思。
不過在不同的語境下，所強調的角度也不同。

NATION
這字詞，
強調的是人。

當一些人，
他們有共同的：

傳統文化

歷史

語言

他們便是同一個
族群共同體。

Nation是民族、國家的意思，例如: 日本大和民族。

庫爾德人：這族群在土耳其、伊拉克、敘利亞和亞美尼亞附近生活，是中東地區第四大族裔，從沒真正擁有過具有土地的國家，但現代多以庫爾德斯坦來形容庫爾德族人所在的土地。

要認同大家是同一個Nation, 先要認同大家的文化。

來到你剛剛說的Country，這就是土地延伸的概念。

這就是大家說的領土、疆界的意思，所以當我們問「哪一個是最大的國家 (Country)？」時，答案通常是「俄羅斯」。

俄羅斯

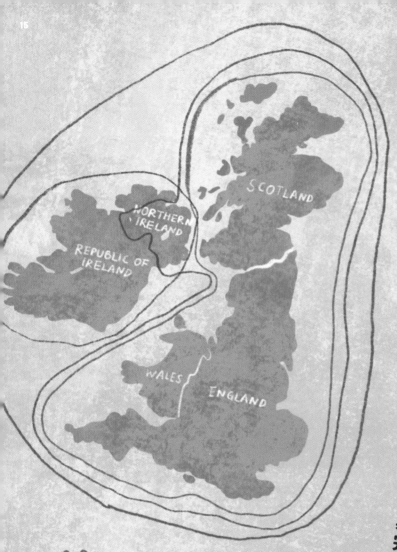

SCOTLAND

NORTHERN IRELAND

REPUBLIC OF IRELAND

WALES

ENGLAND

- BRITISH ISLES
- UNITED KINGDOM OF GREAT BRITAIN AND NORTHERN IRELAND
- IRELAND
- GREAT BRITAIN

但Country 也不一定代表國家，英國的英格蘭、蘇格蘭、威爾斯及愛爾蘭都是country，但它們有各自的文化與傳統。

而前三者則通常被稱為GB（Great Britain），加上北愛爾蘭後的全稱為「大不列顛暨北愛爾蘭聯合王國」（UK - The United Kingdom of Great Britain and Northern Ireland）。

其中北愛爾蘭並不算是一個完整的country，她是愛爾蘭這個Country的一部分。

大家普遍視英國為一個國家，可是，在不同的體育競賽，
劃分則會有所不同。看世界盃時，就會看到威爾斯對英格蘭。

對，而另外要填的Nationality，則是問你的國籍。背後所問的，是你來自哪一個民族的意思、認同哪一種文化。

入境
IMMIGRATION
ARRIVAL CARD

First Name　Last name

country of origin:

...tionality:

入土
IMMIGRA
ARRIVAL

First Name

country of or

nationality:

是主權國家 (State)，這也是另一個「國家」的譯名。

State所強調的，是一個政體，一個被政府管治的地方。

另一個很著名用state 的國家，是美國。

她全名叫美利堅共和國 (United States of America)，由50個州 (States) 加上聯邦政府直轄區、離岸自治區及若干外島組成的。

單單是加州已是一個state，並不一定代表主權獨立國。

所以，State也可以指州份。

字詞	NATION	STATE	COUNTRY
重點	人	政體	土地
意思	民族·國家	主權·國家	疆土·國家
共同之處	共同文化·族人	共同政府	共同領土

例子 ①	庫爾德人	庫爾德自治區政府	庫爾德斯坦
②	法蘭西人	法蘭西共和國	法國

認識一個國家：
要從她的歷史、語言、文化、種族、宗教、領土、政權等不同角度了解，才會得出一個全面的答案。

只單單在土地上或政權上立國，而忽略當地的文化、語言及身份認同，「國家」一詞就不圓滿。

因此，當我們明白「什麼是國家？」
也應該可以回答「我是什麼人？」。

DANKE
THANK YOU
多謝
OBRIGADO
TACK
入境
IMMIGRATION
ARRIVAL CARD
Last name
First Name
country of origin:
U.S.A
nationality:
我是什麼人?

GLOSSARY 詞彙表

國家 Nation

偏向強調一個共享相同文化、語言、歷史和傳統的人群。這些共享的特質使得這個群體形成有身份認同和歸屬感的共同體,而不一定指有政府和獨立主權的國家。

國家 Country

偏向強調通常在一片土地上一起生活的群體,在同一片土地上的人們並不一定有共享的文化、語言或歷史。

國家 State

偏向強調具有固定領土、獨立政府、外交關係的政治實體,而在一些聯邦制國家當中,又可以指構成聯邦的州份。

民族國家 Nation State

是指一個民族作為主要居民組成的國家,民族成員的分佈與國家的邊界大致相同,例如日本和冰島。

主權國家 Sovereign State

是指獨立且自主的國家，擁有自己的領土、政府、人民，而在領土內自由行使最高權力，往往不受其他國家干涉。現在大部分的國家都是主權國家，但如大溪地就是只有部份主權的國家。

民族 Ethnic Group

是指一群有共同特點的群體，其成員可能有共同的祖先、語言、文化、理念或歷史。這些共同特點可能具體反映在他們的宗教信仰、飲食習慣、衣著風格或其他社會習俗。

領土 Territory

是指一個國家或政治實體所控制的地理區域，包括陸地、水域和天空。一般來說，國家或地區可以自己決定領土內的事情，領土可以用來劃分國家主權的具體範圍。

政府 Government

是指一個組織或機構，負責在特定地區內執行法律、制定政策，並且保護所屬領土，讓國家或地區的每個人可以安全、公平地生活。政府的職責還包括提供教育、醫療等公共服務，以及保障公民應有的權利。

人民 People, Citizens

是指在一個國家或地區生活的居民，他們擁有在國家或地區內的某些權利和義務，並受到國家或地區的法律保護。人民是國家的基礎，擁有選擇政府和影響政策的權力。

什麼是 國家 ?

工作紙

① 你最喜歡的國家是哪一國? 為什麼?

② 你是什麼國家的人?

③ 這個國家的人有什麼吸引你?

④ 這個國家有什麼地標或地方吸引你?

⑤ 這個國家有什麼制度吸引你?

⑥ 你的家人都從這國家來的嗎?

作者：HELLO BONNIE 國際親子台
童心看世界
什麼是選舉？

童心看世界系列 《什麼是選舉》

民主選舉的基本原則

① 公平·公正·公開的選舉

選舉定期舉行，如四年一次

媒體要公平報導每位候選人

任何人都可以自由參選

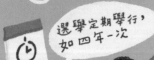
政綱
候選人可以讓選民知道自己的政見和立場

選民可以自由參加候選人的活動，並討論政見

② 拒絕不公平的選舉

買票（賄賂）

投我！

你不

不讓人自由參與／自己選擇

10

...柏林 (Isaiah Berlin) 提出
...ncepts of Liberty:

消極自由 negative liberty

積極自由 positive liberty

Isaiah Berlin

消極自由:
有不受制於他人的自由
(Freedom from)

即是我夜晚不睡就不睡、
早上想不早起就不早起、
平日想不出門就不出門的自由

積極自由:
決定做什麼決...
選擇的自由
(Freedom to...

即是我去選擇
玩什麼玩具
看什麼書的...

101 JOKES

童心看世界系列 📖

《什麼是公義》

平等、公平、公義
EQUAL EQUITY JUSTICE

原來它們是不同
的概念?

公平
EQUITY

得到不同箱子後，
我們可以在同一
視線上看球場。

平等
EQUAL

我們得到的箱
是一樣 (same)
的多。

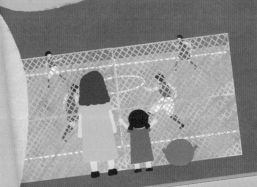

公義
JUSTICE

在制度上改
讓參與的人
機會及合

童心看世界系列 📖

《我是什麼人》

童心看世界系列 - 什麼是國家？

作者｜HELLO BONNIE 國際親子台
編輯｜HELLO BONNIE 國際親子台
繪圖及排版｜Jo

出版｜ 希望學/希望製造有限公司
地址｜ 臺北市松山區民生東路三段130巷5弄22號二樓
電話｜ 02-2546 5557
印製發行｜秀威資訊科技股份有限公司
總經銷｜聯合發行
出版日期｜2023 年 7 月
版次｜第一版
ISBN｜978-626-97512-2-8
定價｜380元

鳴謝｜Chickeeduck